AF602192

ÉTABLISSEMENT D'UNE SOCIETÉ D'AGRICULTURE, DE COMMERCE, ET DES ARTS DANS LA PROVINCE DE BRETAGNE, PAR DÉLIBÉRATIONS DES ÉTATS.

M. DCC LVII.

A RENNES,

Chez JOSEPH VATAR, Imprimeur ordinaire de Nosseigneurs les États de Bretagne, Place du Palais.

EXTRAIT
DES REGISTRES
DES ÉTATS DE BRETAGNE.

DU SAMEDI 11 DÉCEMBRE 1756.

Délibération. Commission du Commerce, 1757.

LES ÉTATS ont nommé & nomment pour le Commerce; de l'Eglise, Monsieur l'Evêque de Saint Malo, Messieurs les Abbés de Villeneuve, de Rhedon & de Saint Aubin des Bois, & Messieurs les Députés des Chapitres de Saint Malo & de Saint Brieuc; de la Noblesse, Messieurs du Sel des Monts, d'Espinoze, la Chapelle Villeplot, de Pontual, de la Motte Lesnage & de Luker; & du Tiers, Messieurs de Prémion, premier Député de Nantes, de Kolivio, Député de Quimper, de la Vieuville, premier Député de Saint Malo, Daumenil, second Député de Morlaix, Alba, Député de Pontivy, & Pontneuf, Député du Croisic.

DU VENDREDI 28 JANVIER 1757.

Monsieur l'Abbé de Notre-Dame de Villeneuve a, pour lui & Messieurs ses Codéputés à la Commission du Commerce, fait part à l'Assemblée du Mémoire qui suit.

COMMISSION DU COMMERCE.

MESSIEURS,

Vous nous avez fait l'honneur de nous renvoyer un excellent Mémoire de M. Montaudoüin ſur l'Agriculture, les Arts & le Commerce; il propoſe comme très-utile l'établiſſement d'une Societé qui feroit ſon étude de ces trois objets. M. de Gournay, Intendant du Commerce, nous exhorte à adopter ce Projet. Nous avons penſé comme lui, que rien ne pouvoit être plus avantageux à la Province que cet établiſſement, nous l'avons même regardé comme eſſentiel. C'eſt ſur ce plan que nous avons dirigé notre travail; nous avons crû néceſſaire de commencer par-là le rapport des affaires dont vous nous aviez chargé, & nous en avons fait la baſe de nos opérations.

Il n'eſt pas difficile de prouver l'utilité, & même la néceſſité d'une pareille Aſſociation. Nous ne pouvons nous diſſimuler l'état d'affoibliſſement où l'Agriculture & les Arts ſont réduits, ſur tout dans l'intérieur de la Province. S'il y a un moyen de tirer nos Cultivateurs de la létargie où ils ſont plongés, & d'animer nos Artiſtes, c'eſt ſans doute de les faire inſtruire par des perſonnes pour qui ils ont du reſpect & de la confiance; des eſſais que le ſuccès auroit juſtifié, des expériences multipliées ſous leurs yeux les convaincroient à la fin que la routine qu'ont ſuivi leurs peres peut n'être pas la meilleure. L'expérience démontre que les Laboureurs peuvent adopter des pratiques nouvelles quand l'utilité en eſt prouvée; c'eſt ainſi que la culture du grand Trefle & celle du Lin s'établiſſent tous les jours dans des endroits où l'on n'en avoit jamais cultivé. Les Laboureurs ont beſoin d'être inſtruits, plus encore par des exemples que par des leçons; l'un & l'autre fera l'objet principal de la Societé que nous vous propoſons de former.

Cette Societé ſeroit compoſée dans chaque Evêché de ſix

personnes choisies sans distinction d'ordre, parmi les sujets que l'on auroit lieu de juger par leur état ou leurs occupations être le plus au fait de chaque matiere ; on chargeroit ces Commissaires d'examiner l'état de ces trois parties, de rechercher avec soin les causes de leurs progrès ou de leur décadence, les obstacles qui peuvent les arrêter, & les moyens de les faire cesser ; ils correspondroient avec le Bureau général qui seroit établi à Rennes, où tous les Membres auroient séance & voix délibérative ; ils pourroient aussi s'assembler dans chaque Diocèse, quand ils le jugeroient convenable ; ils donneroient leurs avis au Bureau général, pour l'adjudication des prix sur ces trois objets, en cas qu'il fût arrêté d'en accorder pour augmenter l'émulation ; ils se communiqueroient respectivement leurs observations, sur tout celles qui peuvent être d'une utilité générale, & se donneroient mutuellement les instructions relatives aux objets dont ils seroient chargés ; par ce moyen, si quelqu'un vouloit étendre dans une partie de la Province une culture qui n'y seroit pas établie, & qui fût d'usage dans un autre canton, il seroit en état de se procurer facilement tous les éclaircissemens nécessaires pour la faire réussir ; on exhorteroit les Commissaires à faire des expériences, à les suivre avec attention & à faire part de leurs succès. Chaque Membre seroit obligé de remettre au Bureau général, avant la Tenuë prochaine, un Mémoire sur quelque partie de l'Agriculture, du Commerce ou des Arts ; ces Mémoires y seroient lûs, examinés & comparés, & mettroient le Bureau général à portée de fournir aux Etats un Corps d'observations très-précieuses sur des objets si interessans & trop négligés. Les Etats auroient des connoissances sûres pour encourager les entreprises qui mériteroient de l'être, pour exciter l'émulation, & porter dans peu d'années l'Agriculture, les Arts & le Commerce au plus haut point où ils puissent parvenir.

C'est par une Societé pareille que l'Irlande qui étoit une des plus pauvres Contrées du monde, eſt devenuë très-floriſſante; nous ne ſommes pas réduits au point d'anéantiſſement où étoit cette Iſle, nous pouvons donc eſpérer de réuſſir avec plus de facilité.

Cette Societé a fait diſtribuer des inſtructions & des récompenſes, & l'Irlande a pris une face nouvelle. Nous oſons donc, Meſſieurs, vous indiquer un moyen qui a déja réuſſi ailleurs, & dont le ſuccès n'eſt pas douteux chez vous.

Nous ne nous ſommes pas étendu ſur les avantages qui en réſulteroient pour le Commerce, ils ſont trop évidens. Le Commerce eſt tellement lié à l'Agriculture, qu'on ne peut perfectionner l'un ſans que l'autre en ſoit augmenté.

Les vûës que repandroient ſur les Arts & dans les Manufactures tant de perſonnes éclairées, produiroient les plus heureux effets; les Artiſtes apprendroient promptement les pratiques utiles des autres Pays; ceux d'entr'eux, qui ſe diſtingueroient par leurs talens, obtiendroient une conſidération qui en eſt la plus agréable récompenſe.

Vous voyez, Meſſieurs, par le détail des opérations que nous avons eû l'honneur de vous expoſer, qu'il eſt néceſſaire d'en charger une Commiſſion particuliere; la Commiſſion Intermédiaire déja fort occupée de travaux très-différens, ne pourroit pas donner une attention continuelle à des objets qu'il faut ſuivre avec perſéverance.

Duquel Mémoire lecture ayant été faite, les États ont approuvé & approuvent ledit Mémoire, & ont en conſéquence chargé & chargent la même Commiſſion du Commerce de dreſſer un Plan qui réglera les occupations & la correſpondance des Aſſociés, & d'indiquer auſſi à l'Aſſemblée les Sujets qu'elle croiroit les plus propres pour cette Commiſſion.

Et ſur ce que la Commiſſion a dit que ce Mémoire qui

venoit d'être reçû favorablement par les États, étoit de M. de Pontual, de l'Ordre de la Noblesse, secondé dans ce travail par M. de Prémion, Maire & premier Député de Nantes,

Les États ont remercié M. de Pontual & M. de Prémion.

Du Mercredi 2 Février 1757.

M. l'Abbé de Notre-Dame de Villeneuve a, pour lui & MM. ses Codéputés à la Commission du Commerce, présenté à l'Assemblée le Projet de Réglement qu'ils ont, en exécution de la Délibération du 28 Janvier dernier, dressé pour la Societé d'Agriculture, de Commerce & des Arts, contenant XIV. Articles, comme leur ayant paru le plus convenable pour l'établissement de ladite Société.

SÇAVOIR,

ARTICLE PREMIER.

Les Associés de chaque Evêché s'assembleront dans la Ville Episcopale pour convenir du lieu, des jours d'Assemblée & de la distribution du travail.

II.

Ils pourront choisir pour lieu d'Assemblée le Bureau de la Commission Intermédiaire, en faire leur dépôt & se servir des Commis, en observant de ne déranger en rien le travail de cette Commission, ou choisir tel autre lieu qui leur conviendra.

III.

Les Assemblées du Bureau de Rennes pourront se faire dans une Salle de l'Appartement de M. de la Landelle, qui a bien voulu l'offrir.

IV.

Ce Bureau s'assemblera une fois par semaine; les autres Bureaux seront invités de s'assembler au moins deux fois par mois;

l'abſence de quelqu'uns des Membres ne doit point empêcher ceux qui ſont à portée du Bureau de s'y rendre, pour y ſuivre le travail commun. On eſpere que les abſens dédommageront la Societé par un redoublement de leur travail particulier.

V.

La liberté étant l'ame d'une pareille Aſſociation, le premier point de cette liberté eſt que chaque Aſſocié travaille ſur la partie qui lui plaira davantage; s'il s'en trouve d'aſſez zélés pour les embraſſer toutes, on déſire ſeulement qu'ils ſéparent les différens objets pour la commodité du travail & de la rédaction.

V I.

L'objet des premieres opérations des Aſſociés doit être d'examiner l'état de l'Agriculture, du Commerce & des Arts, de chercher avec ſoin les cauſes de leurs progrès ou de leur décadence, les obſtacles qui peuvent les arrêter & les moyens d'y remédier.

V I I.

Chaque Membre ſera obligé de remettre au Bureau de ſon Diocèſe, avant la Tenuë prochaine, un Mémoire détaillé ſur quelque partie de l'Agriculture, du Commerce ou des Arts.

V I I I.

Tous les Citoyens ſeront invités de remettre à Meſſieurs les Aſſociés des Mémoires ſur ces objets, ils ſeront reçus avec reconnoiſſance. On aura l'attention d'en remercier les auteurs, & de faire connoître l'obligation qu'on leur a.

I X.

Les Aſſociés de chaque Evêché auront un Regiſtre pour chaque objet; ces trois Regiſtres demeureront toujours dans le lieu de dépôt pour ſervir d'inſtruction. On y inſerera par extrait les Mémoires, dont les Originaux cependant ſeront con-

servés ; on enverra au Bureau de Rennes, trois mois avant les Etats, les articles qui pourront mériter l'attention générale, & les Associés de Rennes en formeront un Corps d'observations propre à être présenté aux Etats.

X.

Indépendamment de la correspondance qu'on exhorte tous les Associés à établir entr'eux, il convient pour la facilité du service, que le Bureau de Rennes soit le centre de la correspondance générale, d'où les observations interessantes qui y auront été adressées seront repanduës dans la Province.

X I.

Le but qu'on se propose est d'étendre les connoissances utiles ; les Associés auront une attention particuliere à donner à ceux qui les consulteront des reponses satisfaisantes.

X I I.

Quand une pratique aura été reconnuë bonne, chaque Commissaire s'attachera à la repandre dans son canton, en l'éprouvant lui-même, en engageant ses amis à la suivre, & sur tout en démontrant aux Laboureurs ou Artistes les avantages qui en résultent.

X I I I.

La Commission sera chargée généralement de tout ce qui concernera dans la Province, l'Agriculture, les Arts & le Commerce.

X I V.

Messieurs les Associés sont priés expressément de communiquer aux Etats prochains les moyens qui leur paroîtront les plus propres pour perfectionner le présent Réglement.

M. l'Abbé de Notre-Dame de Villeneuve, a aussi présenté une Liste des Sujets propres pour cette Commission, au nombre de six par chaque Évêché, sans distinction d'ordre, ainsi qu'il fut proposé & agréé par les États le 28 Janvier dernier.

SÇAVOIR,

POUR RENNES,

ADRESSES,	MESSIEURS,
à Rennes,	*DE NEVET,*
à Rennes,	*DU SEL,*
à Vitré,	*DES NÉTUMIERES, l'aîné,*
à Rennes,	*RALLIER DES ORMEAUX,*
à Fougeres,	*DE MONTIGNY, Maire de Fougeres,*
à Rennes,	*ABEILLE,*

NANTES,

	MESSIEURS,
à Nantes,	*L'ABBÉ DE RAMACEUL,*
à Nantes,	*DE LA BILIAIS LE LOUP,*
à Nantes,	*MONTAUDOUIN,*
à Nantes,	*SENICOUT-GROU,*
à Nantes,	*DE PRÉMION,*
au Croisic,	*DE PONTNEUF,*

VANNES,

	MESSIEURS,
à Vannes,	*L'ABBÉ DE PONTUAL,*
à Auray,	*DE KMADEC,*
à Vannes,	*DE LA CHAPELLE,*

DE BERTHOU,	à Guemené,
DU BODAN,	à Vannes,
PERRON,	au Port-Louis,

QUIMPER,

Messieurs,

ROYOU, Recteur de Trébrivan,	à Carhaix,
DE PENFEUNTENIO DE KVEREGUIN,	à Kerfilin par Pont-l'Abbé,
DE SILGUY, Fils,	à Quimper,
DE KLIVIO,	à Quimper,
POULGOASEC,	à Audierne,
CHARDON,	à Lokornan,

SAINT MALO,

Messieurs,

L'ABBÉ THÉ DU CHATELLIER,	à Saint Malo,
DE PONTUAL, Fils,	à Saint Malo,
DE COETPEUR,	à Rennes,
DE BRUC,	à Broons,
VINCENT DE LA GUIMERAIS,	à Saint Malo,
BECARD,	à Saint Malo,

DOL,

Messieurs,

DE MONTLOUET,	à Dol,
DE GRENEDAN,	à Rennes,
DE LA CORNILLERE, Fils,	à Dol,
BEAUDOUIN,	à Châteauneuf,
DE LA TURRIE DES RIEUX,	à Dol,
DU ROUVRE,	à Saint Malo,

SAINT BRIEUC,

MESSIEURS,

à Saint Brieuc, *RABEC, Chanoine,*
à Lamballe, *DE TRAMIN,*
à Quintin, *DIGAUTRAIS DES LANDES.*
à Quintin, *BOITIDOUX,*
à Pontrieux, *ARMEZ DU POURPRY,*
à Saint Brieuc, *DE LA SALLE LE MÉE,*

TREGUIER,

MESSIEURS,

à Tréguier, *L'ABBÉ DU LEZARD,*
à Morlaix, *L'ABBÉ LA TOUCHE, Recteur de S. Mathieu de Morlaix,*
à Lannion, *DE ꝂGARIOU,*
à Morlaix, *MARZIN, Maire de Morlaix,*
à Tréguier, *DE VILLENEUVE CILLARD,*
à Guingamp, *DE PORTVILLE,*

LEON,

MESSIEURS,

à Landernau, *L'ABBÉ DE COURSON, Recteur de Ploüider,*
à Morlaix, *PODEUR, Recteur de Commana,*
à Landernau, *DE KSAUSON DE COETANSCOUR,*
à Landernau, *MAZURIER, Pere,*
à Morlaix, *D'AUMENIL,*
à Roscoff, *DE KMABON MARZIN,*

Duquel dit Projet de Réglement & de la Liste ci-dessus lecture ayant été faite, les États après avoir remercié MM. de la Commission du Commerce, ont approuvé & approuvent le tout ; ordonnent en conséquence que ledit Réglement & le Mémoire qui fut présenté aussi à l'Assemblée par ladite Commission le 28 Janvier dernier, seront envoyés à tous les Membres de cette Societé pour s'y conformer dans tout leur contenu.

Du Jeudi 10 Février 1757.

RAPPORT PARTICULIER DE LA COMMISSION DU COMMERCE.

Messieurs,

Vous nous avez fait l'honneur de nous charger de l'examen des observations que Monsieur de Gournay, Intendant du Commerce, a faites dans la Province sur l'Agriculture, le Commerce & les Arts ; nous allons vous rendre compte de nos réfléxions sur les objets proposés par ce Compatriote éclairé.

ARTICLE PREMIER.

Presque tous les Arts qu'il est si important de perfectionner ne peuvent faire de grands progrès sans le Dessein ; c'est principalement par le goût supérieur dans cet Art que les Manufactures du Royaume se sont acquis la préference sur celle des Etrangers. Les Villes de Roüen & de Rheims ont fondé des Ecoles publiques de Dessein. Nos Artistes & nos Ouvriers retireroient beaucoup d'avantages d'un pareil établissement.

Sur le premier Article, les États ont, conformément à l'avis de la Commission, ordonné & ordonnent qu'il sera établi deux Maîtres de Dessein, un à Rennes, & l'autre *Délibération.*

à Nantes, lesquels seront tenus de donner, quatre jours de chaque semaine & trois heures de chaque jours, des Leçons publiques de leur Art à tous ceux qui se présenteront, & que celui de Rennes qui aura moins d'Écoliers, sera en outre tenu d'enseigner les Éleves de l'Hôtel des Gentils-hommes, aux jours & aux heures qui lui seront indiqués ; & ont nommé & nomment le sieur Causiez pour Rennes, & le sieur Volaire pour Nantes, sur lesquels MM. de la Societé des Arts, auront l'inspection, & ont lesdits États accordé 500 liv. par an à chacun desdits Maîtres.

I I.

La Manufacture de Toiles la plus importante de la Province n'a fait depuis long-temps aucun pas vers la perfection ; perfectionner cette Manufacture, c'est en créer une nouvelle, c'est étendre l'Agriculture & le Commerce; pour y réussir, il ne faut peut-être qu'encourager les Ouvriers.

Délibération. Sur le second Article, concernant la Manufacture de Toiles qui est la plus importante de la Province, les États ordonnent que pour la perfectionner il sera accordé un prix de 300 liv. à celui des Fabriquans de la Province qui aura le plus parfaitement imité, tant pour la qualité, longueur & largeur, que pour le Blanc & le Pliage, une Piéce de Toile d'Hollande de la premiere qualité, dont il sera déposé un Coupon pour modéle à Quintin, à Pontivy, à l'Houdeac, & dans les principaux lieux de Manufacture de la Province, & un prix de 200 liv. à celui qui imitera le mieux une Piéce de la seconde qualité, dont il sera aussi déposé un Coupon dans les mêmes lieux, & ce, après que les Concurrens auront justifié que leur Toile a été fabriquée dans la Province, & avec des Fils du Pays.

III.

Les Manufactures de Papier sont en si petit nombre qu'elles ne peuvent employer les matieres premieres de la Province, leur travail grossier ne peut suffire au besoin du Pays ; l'ignorance & la paresse de nos Ouvriers est la seule cause du mauvais état de cette Fabrique ; il est nécessaire de leur donner des instructions & de leur proposer des récompenses ; ils pourroient imiter le Papier d'Hollande & celui de Gênes, dont les Espagnols font une si grande consommation, sur tout au Perou.

Sur le troisiéme Article, concernant les Manufactures de Papier, les États ordonnent qu'il sera donné à ces Manufactures des instructions suffisantes sur leur fabrication, qu'il sera déposé dans les principaux Moulins à Papier des modéles de celui d'Hollande & de celui de Gênes, & que celui qui les aura mieux imités sera recompensé aux Etats prochains, & qu'on aura pour cela égard à la qualité & à la quantité de ces Papiers perfectionnés. *Délibération.*

I V.

Le sieur le Cocq de Kmorvan a établi à Quimperlé une Manufacture de Couvertures ; cet établissement est utile par l'employ de nos Laines, & parce qu'il nous procure à meilleur marché une chose que nous serions obligés de tirer de l'Etranger ; une pareille Fabrique mérite d'être encouragée, on doit même faire des efforts pour l'étendre.

Sur le quatriéme Article, les Etats ont accordé & accordent dès-à-présent, au sieur le Cocq de Kmorvan, une somme de mille livres pour soutenir son établissement ; ordonnent qu'il lui sera payé en outre 500 liv. à la fin de la présente année 1757, & pareille somme à la fin de l'année 1758, à condition qu'il prouvera, par certificats valables, avoir *Délibération.*

formé chaque année dans sa Manufacture, six Eleves choisis dans les Hôpitaux de l'Evêché de Quimper par MM. de la Societé des Arts.

V.

L'usage des Prairies artificielles faites avec une espece de Trefle, connuë sous le nom de Tremeine & des gros Navets ou Turneps, est très-avantageux ; il multiplie les pâturages, sans diminuer les cultures des grains ; cet usage est établi dans plusieurs parties de la Province, il seroit utile de le rendre général.

On devroit aussi exciter la culture de la Garence & du Pastel ; ces Plantes sont nécessaires pour la teinture.

Le Commerce de la Cire & du Miel est un objet d'autant plus considérable, que la Cire de Bretagne est la meilleure du Royaume ; ce Commerce augmenteroit beaucoup, sans l'ignorance des Laboureurs de plusieurs cantons qui étouffent les Abeilles au lieu de les déloger.

Délibération. Sur le cinquiéme Article, les Etats ont chargé & chargent leur Procureur-Général-Syndic en Bretagne, de se procurer des Mémoires & Instructions, qui seront imprimés aux frais des Etats, & distribués dans la Province par MM. de la Societé d'Agriculture, & qu'il sera aussi envoyé aux Correspondans de la Commission Intermédiaire des graines de Tremeine, de gros Navets, de Garence & de Pastel, lesquelles seront distribuées au prix coûtant, sur la demande qui en sera faite. Ordonnent de plus, que le Mémoire imprimé sur la préparation du Chanvre, sera répandu par la même voie dans la Province, auquel effet l'Imprimeur des Etats a été chargé d'imprimer toutes les Lettres circulaires & les Avis que les Associés croiront nécessaires d'envoyer dans la Province.

VI.

V I.

Les Draps qui se fabriquent dans la Province, comme à Vannes & à Josselin, sont très-grossiers. Nous croyons cependant que nos Fabriquans, s'ils étoient instruits & encouragés, pourroient atteindre à la perfection des Draps de Lodêve & d'Elbeuf.

Sur le sixiéme article, les Etats ordonnent qu'il sera déposé dans chacune des Villes de Vannes & de Josselin, & dans les autres principaux lieux de Fabrique, un coupon de Draps de Lodêve & d'Elbeuf pour servir de modéle, & qu'il sera accordé une récompense de 10 liv. par piece, à tous les Fabriquans de la Province qui auront bien imité le modéle. *Délibération.*

V I I.

M. le Recteur de la Paroisse de Saint Mathieu de Morlaix a dans sa Maison un Métier à deux Navettes, sur lequel le même Ouvrier fabrique à la fois deux Piéces de Toiles. M. du Sel des Monts en a fait monter un pareil, que nous avons vû, & dont nous avons reconnu l'utilité.

Sur le septiéme article, sur les offres faites par M. du Sel des Monts d'instruire chaque année trois jeunes Garçons pris à l'Hôpital, à chacun desquels on donnera un Métier à deux Navettes, qui coutent environ 70 liv. pieces, Ordonnent les Etats, qu'il leur sera fourni un Métier garni à chacun, pour commencer leur établissement, & ont chargé M. le Procureur-Général-Syndic en Bretagne, d'écrire à Mr. le Recteur de Saint Mathieu, pour l'engager à former aussi quelques éleves qui seroient traités de la même maniere. *Délibération.*

V I I I.

Il se fabriquoit autre fois à Ancenis des Étamines; cette Manufacture utile pour l'emploi de nos Laines, est presque entierement tombée.

Délibération. Sur le huitiéme article, les Etats ont ordonné & ordonnent, que pour rétablir la Manufacture des Etamines qui se fabriquoient autrefois à Ancenis, il sera accordé une récompense de 40 sols par chaque piece de 40 aunes fabriquée à Ancenis, qui imitera bien un coupon d'Etamine du Mans de 50 sols l'aune & au-dessus, déposé pour modéle chez le Correspondant de la Commission, & un prix de 50 liv. à celui qui aura le mieux réussi, parce qu'au préalable il sera bien justifié que ces Etamines auront été faites à Ancenis.

I X.

La Demoiselle Vindack Nous a fait voir un Rouet sur lequel elle file des deux mains à la fois, il seroit important d'étendre cette pratique.

Délibération. Sur le neuviéme article, les Etats ont accordé & accordent à la Demoiselle Vindack, une récompense de 24 liv. pour chaque éleve qu'elle formera jusqu'au nombre de 12, & un Rouet à chacune de ces éleves.

X.

Pour augmenter le débit de nos Toiles, il seroit important de les pouvoir imprimer comme on fait en Silesie; plus nous varierons leur forme, plus la consommation en sera augmentée.

Délibération. Sur le dixiéme Article, les États ont chargé & chargent leurs Députés & Procureur-Général-Syndic à la Cour, de faire des représentations pressantes pour obtenir la permission d'imprimer sur le Lin.

X I.

Quoique la Province fasse par elle-même une grande consommation de Chapeaux fins, & que son Commerce lui donne occasion d'en exporter des partis considérables, on n'y fabrique que des Chapeaux fort communs; Nous sommes cependant mieux placés pour réussir dans cette Fabrication, qu'aucune Province du Royaume; Nous sommes plus à portée des matieres premieres; Nous éviterions de gros Droits, & nous augmenterions notre Commerce avec l'étranger.

Sur l'onziéme Article, les États ont promis & promettent une recompense de 4 pour cent de la valeur, aux Ouvriers qui feroient dans la Province des Chapeaux de Castor, de la même qualité que ceux de Paris, & de 2 pour cent, à ceux qui feroient des demi Castor aussi de la même qualité. *Délibération.*

XII.

Les Mines de Charbon de Terre, qui abondent dans cette Province, suppléeroient au Bois qui commence à y manquer, & nous donneroient de nouvelles richesses, si l'exploitation n'en étoit pas gênée & comme défenduë, par les priviléges exclusifs accordés à différentes personnes.

Sur l'Article douze, les États ont chargé & chargent leurs Députés & Procureur-Général-Syndic à la Cour, de solliciter fortement la suppression des Priviléges accordés à ce sujet, comme étans contraires à la disposition de la Coûtume, & de publier dans la Province, par MM. de la Societé des Arts, que les Associations ou Souscriptions, qui pourront se faire sur cet objet, seront protegées par les États. *Délibération.*

XIII.

Il sort de la Province de grosses sommes d'argent pour payer les Pierres de Moulage; cette seule observation prouve combien il seroit avantageux d'en découvrir des Carrieres dans la Province.

Sur le treiziéme Article, les Etats, pour en exciter la recherche, promettent une recompense de 2000 liv. à celui qui aura tiré dans la Province, les 100 premieres Paires de Meules reconnuës bonnes, & de 1000 liv. pour la seconde centaine. *Délibération.*

X I V.

La Culture du Lin, ſi floriſſante dans la partie Septentrionale de la Province, eſt fort négligée dans la partie du Midi; elle y ſuffit à peine à la conſommation du Colon. La Graine du Pays qu'on y ſéme ne peut donner que des productions foibles & peu propres à encourager les Cultivateurs; il eſt néceſſaire de leur faire connoître l'avantage de ſe ſervir des Graines étrangeres.

Délibération. Sur le quatorziéme Article, les Etats ordonnent qu'il ſera fait fonds de la ſomme de 6000 liv. pour faire venir de la Graine de Lin de Riga & de Zélande, de la meilleure qualité, pour être diſtribuée dans les Evêchés de Rennes, Nantes, Vannes, Quimper, & dans la Partie Méridionale de celui de Saint Malo, ſur le pied de neuf livres le Quintal, à laquelle diſtribution les Commiſſaires de l'Agriculture ont été chargés de veiller, & à ce que la Semaille en ſoit effectuée.

X V.

Quoique les Farines de Bourdeaux ſoient très-ſouvent faites avec des Grains de la Province, elles ſont ſi ſupérieures aux nôtres, que tant qu'il y en a dans les Colonies, celles de Bretagne ne ſe vendent point. Il eſt étonnant que les approviſionnemens de Breſt & de Lorient, & les aſſortimens pour nos Colonies, ſoient de Farine de Bourdeaux faites avec des Bleds de Bretagne. Nous ne devrions pas laiſſer échapper une Branche de Commerce ſi favorable à l'Agriculture & qui eſt entre nos mains.

Délibération. Sur le quinziéme Article, les Etats ont promis & promettent de récompenſer à la prochaine Tenuë, ceux qui auront fait dans la Province des établiſſemens propres à fournir des Farines ſemblables à celles de Nerac.

X V I.

Délibération. Sur l'Article ſeiziéme, les Etats ont auſſi promis une recompenſe à la prochaine Tenuë, à tous ceux qui auront découvert des nouvelles Carrieres de Pierre à Chaux dans les lieux où il n'en a pas encore été trouvé.

XVII.

Les Etats ont chargé & chargent leur Procureur-Général-Syndic résident en Bretagne, de procurer les modeles & instructions, & les Graines dont il a été fait mention ci-dessus. *Délibération.*

XVIII.

On commence sur nos Côtes à s'appliquer à la Pêche du Harang, ce qui peut devenir un objet de Commerce considérable pour la Province.

Sur le dix-huitiéme Article, les Etats pour encourager la Pêche du Harang, ont chargé & chargent leurs Députés & Procureur-Général-Syndic à la Cour, de solliciter au Conseil la Franchise de tous Droits sur les Harangs pêchés sur les Côtes de la Province qui sortiront, soit pour l'étranger, soit pour y entrer par d'autres Ports, & de faire en conséquence tout ce qui sera convenable pour que l'on puisse joüir de cet avantage dès cet année. *Délibération.*

XIX.

Il a été bien démontré par un Mémoire des Consuls de Nantes, que la liberté du Commerce du Levant seroit une nouvelle source de richesse pour la Province. La Ville de Marseille en a eu jusqu'ici le privilége exclusif; les vœux de tous les Négocians se reunissent depuis long-tems pour partager un Commerce qui passe chez l'étranger, parce que Marseille seule ne peut suffire à son étenduë, sur tout depuis qu'elle a entrepris le Commerce de nos Colonies.

Sur le dix-neuviéme Article, les Etats ont chargé & chargent leurs Députés & Procureur-Général-Syndic en Cour, de faire les plus vives instances pour obtenir la liberté de ce Commerce, en demandant l'exemption du droit de 20 pour cent, sur les Marchandises qui seront apportées *Délibération.*

du Levant dans la Province & introduites dans le Royaume, en demandant auſſi à être ſoumis à toutes les précautions que le Miniſtre jugera néceſſaires.

X X.

Nous vous avons propoſé, Meſſieurs, beaucoup d'encouragemens pour augmenter l'induſtrie de nos Artiſtes & perfectionner nos Manufactures ; plus nous pourrons avoir de ces Établiſſemens, & plus nous tirerons parti de nos avantages naturels ; c'eſt ce qui nous a porté à faire attention à la Requête du ſieur Macoulif, que vous nous avez renvoyée. Ce Fabriquant s'eſt fait connoître à Nantes par des eſſais fort heureux. Il propoſe d'établir une Manufacture de différentes Étoffes de Laines qui ne ſe fabriquent point dans le Royaume, & qui ſont partie du grand Commerce d'Angleterre ; les eſſais que nous en avons vû donnent des idées très-favorables de cette propoſition ; il promet d'établir d'ici à la Tenuë prochaine 70 à 80 Métiers battans, & de les entretenir pendant 10 ans ; il s'oblige à employer dans ces Étoffes deux tiers au moins de Laines de la Province, à former chaque année douze Apprentifs, dont ſix ſeront pris dans les Hôpitaux, & les ſix autres au choix de la Societé des Arts.

Délibération.

Sur le vingtiéme Article, les Etats pour engager le Sieur Macoulif à établir ſa Manufacture dans la Province, lui ont accordé & accordent, pendant dix ans, une récompenſe d'un ſol par aune d'Etoffe, au-deſſous de 40 ſ. l'aune, de 2 ſ. depuis 40 ſ. juſqu'à 3 liv. l'aune, & de 3 ſ. au-deſſus de 3 liv. l'aune, des Etoffes ſemblables aux échantillons qu'il a fait voir à la Commiſſion, & qui ſeront déposés, pour ſervir de comparaiſon, au Bureau de la Societé des Arts.

X X I I.

Les Raffineries de Sucre de la Province, qui faiſoient autrefois une Branche conſidérable de Commerce, ſont preſqu'entierement tombées par les Droits dont on a chargé les Sucres qui s'y raffinent ; c'eſt une injuſtice envers les Raffineurs & une perte évi-

dente pour la Province. La Requête des Raffineurs de Nantes expose d'une maniere frapante la nécessité de soutenir ces Établissemens.

Sur le vingt-deuxiéme Article, les Etats chargent leurs Députés & Procureur-Général-Syndic à la Cour, de solliciter pour & en faveur des Raffineries de Bretagne. 1°. La liberté d'envoyer, tant dans les Pays étrangers, que dans les Provinces de France réputées étrangeres, les Sucres qui s'y fabriquent par acquit à caution; comme le font les Raffineries de Diépe, Roüen, Bordeaux, la Rochelle & Cette. *Délibération.*

2°. La joüissance, pour les Sucres raffinés dans la Province, dont la matiere proviendra de la Traite des Noirs, de l'exemption de la moitié des droits sur toutes les Marchandises qui en proviennent.

3°. La réduction des droits des Sucres raffinés au taux de ceux du Sucre brut qu'ils représentent, c'est-à-dire, à raison de 68 liv. 2 s. du millier.

4°. La liberté de faire entrer les Sucres raffinés par tous les Bureaux du Royaume.

Vous avez renvoyé, Messieurs, à la Commission du Commerce un Mémoire concernant les Fabriques & le Commerce des Toiles, c'est l'ouvrage du sieur de Coisy, Inspecteur Général de ces Manufactures, dont les appointemens, ainsi que ceux de 4 Inspecteurs de plusieurs Commis, & les frais de Bureau sont supportés par les Marchands & Fabriquans de la Province. Une partie de ces Droits se levent sur les Toiles, en les visitant ou en les marquant; l'autre partie qui est de 4200 liv. est levée par forme d'imposition tant sur les Marchands de Draps, Soieries & Merceries des Villes de la Province, que sur les Fabriquans de Draps & de petites Étoffes; cette somme est repartie par Ordonnance de M. l'Intendant.

Il nous a paru avantageux pour le Commerce de proposer aux États de se charger de payer cette somme de 4200 liv. laquelle est, pour ceux qui la supportent aujourd'hui, une source de plaintes améres & de découragement.

Nous avons penſé différemment ſur les Droits de viſite & de marque ſur les Toiles ; ces Droits ont été établis depuis peu en créant les Inſpecteurs des Manufactures. Si l'Inſpection eſt utile, il n'eſt pas douteux qu'elle ſera plus exacte quand les appointemens des Inſpecteurs dépendront de l'exercice de leur emploi ; mais ſi elle eſt inutile, ſi l'on s'appercevoit même qu'elle pût diminuer le Commerce au lieu de l'augmenter, ne pourions-nous pas eſperer que la Cour en ſupprimant les Employés éteindroit des Droits établis pour former leurs appointemens.

En ſuſpendant notre Jugement ſur l'Inſpection, nous rendons juſtice à l'Inſpecteur ; ſon zele nous a paru loüable, ſes connoiſſances ſur le Commerce de la Province étendues ; vous avez pû, MM. vous appercevoir dans notre rapport que nous avons même adopté quelqu'unes des obſervations contenuës dans le Mémoire qu'il a donné.

Délibération. Sur le vingt-troiſiéme Article, les Etats ont ordonné & ordonnent, que pour décharger les Marchands de Draps, Soieries & Merceries de la Province, & les Fabriquans de Draps & de petites Etoffes de la ſomme de 4200 liv. qui ſe levoit ſur eux par forme d'impoſition & par chacun an, il ſera fait fonds dans la préſente Tenuë, de la ſomme de 8400 liv. à raiſon de 4200 liv. pour chacune des années 1757 & 1758, pour & au profit du ſieur de Coezic & autres Inſpecteurs & Commis ; au moyen de la préſente Délibération leſdits Marchands & Fabriquans demeureront entiérement déchargés de ladite ſomme de 4200 liv. pour les mêmes années 1757 & 1758.

Délibération. Sur le vingt-quatriéme Article, les Etats ont exempté & exemptent, pendant vingt ans, de toutes impoſitions réelles, les terres nouvellement défrichées, & l'on demandera qu'elles ne ſoient point auſſi ſujettes à la Dixme pendant le même eſpace de temps ; & ont en conſéquence chargé & chargent leurs Députés & Procureur-Général-Syndic en Cour de ſolliciter un Arrêt du Conſeil à cet effet, & dont l'exécution commencera du premier Janvier 1757.

Les

Les Etats ont accordé par l'Article 27 à la Manufacture de M. du Sel des Monts l'encouragement proposé par la Commission, d'un sol par Mouchoir, d'un sol par aune d'Etoffe de trois quarts de laiz & au-dessous, & de deux sols par aune au-dessus de trois quarts de laiz. (*a*)

Les Etats ont aussi accordé par l'Article 29 à différentes Communautés, pour le rétablissement de leurs Ports, la somme de 118 mille livres, & ont nommé M. Magin, Ingénieur de la Marine, pour la Direction de tous les travaux des Ports & Havres, des Fontaines publiques, & dessechement des Marais.

Sur le trente-deuxiéme Article, au sujet des Habitans de Bourgneuf, les Etats ont ordonné & ordonnent, que lorsqu'à la requisition des Négocians dudit lieu, quelqu'uns des Navires étrangers, ou François, qui viendront faire le Commerce, & qui auront jetté leur leste dans la Rade, pour éviter les frais du délestage à terre, auront été condamnés à l'amende prescrite par les Ordonnances, & que les preuves en auront été administrées aux Commissaires des Etats, M. Magin se rendra sur les lieux pour examiner ce qu'il seroit avantageux d'y faire, pour en rendre compte aux Etats prochains. *Délibération.*

Sur le trente-troisiéme Article, les Etats ont chargé & chargent M. Magin d'examiner l'état des Ports de Hennebond, Rhedon, Paimpol & la Rochebernard, pour rendre compte à la Tenuë prochaine, des ouvrages qu'il conviendroit y faire, avec un état de la dépense. *Délibération.*

Et finalement, les Etats ont chargé & chargent la Commission du Commerce d'extraire les parties dont il est nécessaire que le Public ait connoissance, pour les faire imprimer & distribuer aux frais des Etats. *Délibération.*

(*a*) Les Observations, que nous avons trouvées dans le Mémoire imprimé de M. du Sel des Monts, nous ont été fort utiles.

DU MARDI 15 FÉVRIER 1757.

Délibération.

M. de la Bourdonnaye a repréſenté que pluſieurs Membres de l'Aſſemblée ont déſiré qu'il fût propoſé de nommer M. l'Evêque de Rennes, M. le Duc de Rohan, M. de Silguy, M. d'Amilly, premier Préſident du Parlement, M. le Bret, Intendant, M. le Préſident de Montboucher, M. le Préſident de Montluc, & M. de la Chalottais, Procureur-Général du Parlement, Aſſociés de la Société de l'Agriculture, du Commerce & des Arts, ce qui a été agréé par les Etats.

www.ingramcontent.com/pod-product-compliance
Ingram Content Group UK Ltd.
Pitfield, Milton Keynes, MK11 3LW, UK
UKHW022206190726
13855UKWH00004B/1642

9 782013 043977